MOVIE REVIEWS
——LOG BOOK——

Are you enjoying this awesome Log Book?

If so, please leave us a review. We are very interested in your feedback to create even better products for you to enjoy shortly.

**Shopping for Log Books can be fun.
Visit our website at amazing-notebooks.com or scan the QR code below to see all of our awesome and creative products!**

Thank you very much!

Amazing Notebooks
www.amazing-notebooks.com

Copyright © 2022. All rights reserved.

No part of this book or this book as a whole may be used, reproduced, or transmitted in any form or means without written permission from the publisher

MOVIE REVIEWS
LOG BOOK

INFORMATION

NAME
ADDRESS

E-MAIL ADDRESS
WEBSITE
PHONE   **FAX**
EMERGENCY CONTACT PERSON
PHONE   **FAX**

Movie Review Log Book

TITLE:

GENRE:　　　　　　　　　　　　　　　**YEAR:**

LENGTH:　　　　　**DIRECTOR:**

DATE SEEN:　　　**WHERE?**

COMPANY:　　　　　　　　　　　　　**RATING (G, PG, G13, R):**

AWARDS:

ACTORS

MOVIE REVIEW (Storyline / Plot / Memorable Quotes)

RATINGS

CAST:　　　　　　　　　　　**DRIECTOR:**

SCREENPLAY:　　　　　　　**EFFECTS:**

COSTUMES:　　　　　　　　**MUSIC:**

PRODUCTION DESIGN:　　　**CINEMATOGRAPHY:**

Overall Rating ★ ★ ★ ★ ★　　　*Watch Again?* Y:　/ N:

Movie Review Log Book

TITLE:

GENRE: **YEAR:**

LENGTH: **DIRECTOR:**

DATE SEEN: **WHERE?**

COMPANY: **RATING (G, PG, G13, R):**

AWARDS:

ACTORS

....
....
....
....
....

MOVIE REVIEW (Storyline / Plot / Memorable Quotes)

....
....
....
....
....
....
....
....
....
....
....
....

RATINGS

CAST: **DRIECTOR:**

SCREENPLAY: **EFFECTS:**

COSTUMES: **MUSIC:**

PRODUCTION DESIGN: **CINEMATOGRAPHY:**

Overall Rating ☆ ☆ ☆ ☆ ☆   *Watch Again?* Y: / N:

Movie Review Log Book

TITLE:

GENRE: **YEAR:**

LENGTH: **DIRECTOR:**

DATE SEEN: **WHERE?**

COMPANY: **RATING (G, PG, G13, R):**

AWARDS:

ACTORS

....
....
....
....
....

MOVIE REVIEW (Storyline / Plot / Memorable Quotes)

....
....
....
....
....
....
....
....
....
....
....
....
....

RATINGS

CAST: **DRIECTOR:**

SCREENPLAY: **EFFECTS:**

COSTUMES: **MUSIC:**

PRODUCTION DESIGN: **CINEMATOGRAPHY:**

Overall Rating ★ ★ ★ ★ ★   *Watch Again?* Y: / N:

Movie Review Log Book

TITLE:

GENRE: **YEAR:**

LENGTH: **DIRECTOR:**

DATE SEEN: **WHERE?**

COMPANY: **RATING (G, PG, G13, R):**

AWARDS:

ACTORS

....
....
....
....

MOVIE REVIEW (Storyline / Plot / Memorable Quotes)

....
....
....
....
....
....
....
....
....
....
....
....

RATINGS

CAST: **DRIECTOR:**

SCREENPLAY: **EFFECTS:**

COSTUMES: **MUSIC:**

PRODUCTION DESIGN: **CINEMATOGRAPHY:**

Overall Rating ★ ★ ★ ★ ★   *Watch Again?* **Y:** **/ N:**

Movie Review Log Book

TITLE:

GENRE: **YEAR:**

LENGTH: **DIRECTOR:**

DATE SEEN: **WHERE?**

COMPANY: **RATING (G, PG, G13, R):**

AWARDS:

ACTORS

....
....
....
....
....

MOVIE REVIEW (Storyline / Plot / Memorable Quotes)

....
....
....
....
....
....
....
....
....
....
....
....

RATINGS

CAST: **DRIECTOR:**

SCREENPLAY: **EFFECTS:**

COSTUMES: **MUSIC:**

PRODUCTION DESIGN: **CINEMATOGRAPHY:**

Overall Rating ★ ★ ★ ★ ★   *Watch Again?* **Y:** **/ N:**

Movie Review Log Book

TITLE:

GENRE: **YEAR:**

LENGTH: **DIRECTOR:**

DATE SEEN: **WHERE?**

COMPANY: **RATING (G, PG, G13, R):**

AWARDS:

ACTORS

....
....
....
....

MOVIE REVIEW (Storyline / Plot / Memorable Quotes)

....
....
....
....
....
....
....
....
....
....
....
....

RATINGS

CAST: **DRIECTOR:**

SCREENPLAY: **EFFECTS:**

COSTUMES: **MUSIC:**

PRODUCTION DESIGN: **CINEMATOGRAPHY:**

Overall Rating ★ ★ ★ ★ ★   *Watch Again?* Y: / N:

Movie Review Log Book

TITLE:

GENRE: **YEAR:**

LENGTH: **DIRECTOR:**

DATE SEEN: **WHERE?**

COMPANY: **RATING (G, PG, G13, R):**

AWARDS:

ACTORS

....
....
....
....
....

MOVIE REVIEW (Storyline / Plot / Memorable Quotes)

....
....
....
....
....
....
....
....
....
....
....
....
....
....

RATINGS

CAST: **DRIECTOR:**

SCREENPLAY: **EFFECTS:**

COSTUMES: **MUSIC:**

PRODUCTION DESIGN: **CINEMATOGRAPHY:**

Overall Rating ★ ★ ★ ★ ★ *Watch Again?* Y: / N:

Movie Review Log Book

TITLE:

GENRE: **YEAR:**

LENGTH: **DIRECTOR:**

DATE SEEN: **WHERE?**

COMPANY: **RATING (G, PG, G13, R):**

AWARDS:

ACTORS

....
....
....
....
....

MOVIE REVIEW (Storyline / Plot / Memorable Quotes)

....
....
....
....
....
....
....
....
....
....
....
....
....
....

RATINGS

CAST: **DRIECTOR:**

SCREENPLAY: **EFFECTS:**

COSTUMES: **MUSIC:**

PRODUCTION DESIGN: **CINEMATOGRAPHY:**

Overall Rating ☆ ☆ ☆ ☆ ☆   *Watch Again?* **Y:** **/ N:**

Movie Review Log Book

TITLE:

GENRE: **YEAR:**

LENGTH: **DIRECTOR:**

DATE SEEN: **WHERE?**

COMPANY: **RATING (G, PG, G13, R):**

AWARDS:

ACTORS

....
....
....
....
....

MOVIE REVIEW (Storyline / Plot / Memorable Quotes)

....
....
....
....
....
....
....
....
....
....
....
....

RATINGS

CAST: **DRIECTOR:**

SCREENPLAY: **EFFECTS:**

COSTUMES: **MUSIC:**

PRODUCTION DESIGN: **CINEMATOGRAPHY:**

Overall Rating ★ ★ ★ ★ ★   *Watch Again?* **Y:** **/ N:**

Movie Review Log Book

TITLE:

GENRE: **YEAR:**

LENGTH: **DIRECTOR:**

DATE SEEN: **WHERE?**

COMPANY: **RATING (G, PG, G13, R):**

AWARDS:

ACTORS

....
....
....
....
....

MOVIE REVIEW (Storyline / Plot / Memorable Quotes)

....
....
....
....
....
....
....
....
....
....
....
....
....

RATINGS

CAST: **DRIECTOR:**

SCREENPLAY: **EFFECTS:**

COSTUMES: **MUSIC:**

PRODUCTION DESIGN: **CINEMATOGRAPHY:**

Overall Rating ★ ★ ★ ★ ★   *Watch Again?* **Y:** **/ N:**

Movie Review Log Book

TITLE:

GENRE: **YEAR:**

LENGTH: **DIRECTOR:**

DATE SEEN: **WHERE?**

COMPANY: **RATING (G, PG, G13, R):**

AWARDS:

ACTORS

....
....
....
....
....

MOVIE REVIEW (Storyline / Plot / Memorable Quotes)

....
....
....
....
....
....
....
....
....
....
....
....
....

RATINGS

CAST: **DRIECTOR:**

SCREENPLAY: **EFFECTS:**

COSTUMES: **MUSIC:**

PRODUCTION DESIGN: **CINEMATOGRAPHY:**

Overall Rating ★ ★ ★ ★ ★   *Watch Again?* Y: / N:

Movie Review Log Book

TITLE:

GENRE: **YEAR:**

LENGTH: **DIRECTOR:**

DATE SEEN: **WHERE?**

COMPANY: **RATING (G, PG, G13, R):**

AWARDS:

ACTORS

....
....
....
....
....

MOVIE REVIEW (Storyline / Plot / Memorable Quotes)

....
....
....
....
....
....
....
....
....
....
....
....
....

RATINGS

CAST: **DRIECTOR:**

SCREENPLAY: **EFFECTS:**

COSTUMES: **MUSIC:**

PRODUCTION DESIGN: **CINEMATOGRAPHY:**

Overall Rating ★ ★ ★ ★ ★   *Watch Again?* Y: / N:

Movie Review Log Book

TITLE:

GENRE: **YEAR:**

LENGTH: **DIRECTOR:**

DATE SEEN: **WHERE?**

COMPANY: **RATING (G, PG, G13, R):**

AWARDS:

ACTORS

....
....
....
....
....

MOVIE REVIEW (Storyline / Plot / Memorable Quotes)

....
....
....
....
....
....
....
....
....
....
....
....

RATINGS

CAST: **DRIECTOR:**

SCREENPLAY: **EFFECTS:**

COSTUMES: **MUSIC:**

PRODUCTION DESIGN: **CINEMATOGRAPHY:**

Overall Rating ★ ★ ★ ★ ★   *Watch Again?* Y: / N:

Movie Review Log Book

TITLE:

GENRE: **YEAR:**

LENGTH: **DIRECTOR:**

DATE SEEN: **WHERE?**

COMPANY: **RATING (G, PG, G13, R):**

AWARDS:

ACTORS

....
....
....
....

MOVIE REVIEW (Storyline / Plot / Memorable Quotes)

....
....
....
....
....
....
....
....
....
....
....
....

RATINGS

CAST: **DRIECTOR:**

SCREENPLAY: **EFFECTS:**

COSTUMES: **MUSIC:**

PRODUCTION DESIGN: **CINEMATOGRAPHY:**

Overall Rating ★ ★ ★ ★ ★   *Watch Again?* **Y:** **/ N:**

Movie Review Log Book

TITLE:
GENRE: **YEAR:**
LENGTH: **DIRECTOR:**
DATE SEEN: **WHERE?**
COMPANY: **RATING (G, PG, G13, R):**
AWARDS:

ACTORS

....
....
....
....
....

MOVIE REVIEW (Storyline / Plot / Memorable Quotes)

....
....
....
....
....
....
....
....
....
....
....
....
....
....
....

RATINGS

CAST: **DRIECTOR:**
SCREENPLAY: **EFFECTS:**
COSTUMES: **MUSIC:**
PRODUCTION DESIGN: **CINEMATOGRAPHY:**

Overall Rating ★ ★ ★ ★ ★   **Watch Again?** Y: / N:

Movie Review Log Book

TITLE:
GENRE: **YEAR:**
LENGTH: **DIRECTOR:**
DATE SEEN: **WHERE?**
COMPANY: **RATING (G, PG, G13, R):**
AWARDS:

ACTORS

....
....
....
....
....

MOVIE REVIEW (Storyline / Plot / Memorable Quotes)

....
....
....
....
....
....
....
....
....
....
....
....
....

RATINGS

CAST: **DRIECTOR:**
SCREENPLAY: **EFFECTS:**
COSTUMES: **MUSIC:**
PRODUCTION DESIGN: **CINEMATOGRAPHY:**

Overall Rating ★ ★ ★ ★ ★ *Watch Again?* Y: / N:

Movie Review Log Book

TITLE:

GENRE: **YEAR:**

LENGTH: **DIRECTOR:**

DATE SEEN: **WHERE?**

COMPANY: **RATING (G, PG, G13, R):**

AWARDS:

ACTORS

....
....
....
....
....

MOVIE REVIEW (Storyline / Plot / Memorable Quotes)

....
....
....
....
....
....
....
....
....
....
....
....
....
....

RATINGS

CAST:	**DRIECTOR:**
SCREENPLAY:	**EFFECTS:**
COSTUMES:	**MUSIC:**
PRODUCTION DESIGN:	**CINEMATOGRAPHY:**

Overall Rating ★ ★ ★ ★ ★   *Watch Again?* Y: / N:

Movie Review Log Book

TITLE:

GENRE: **YEAR:**

LENGTH: **DIRECTOR:**

DATE SEEN: **WHERE?**

COMPANY: **RATING (G, PG, G13, R):**

AWARDS:

ACTORS

....
....
....
....
....

MOVIE REVIEW (Storyline / Plot / Memorable Quotes)

....
....
....
....
....
....
....
....
....
....
....
....

RATINGS

CAST: **DRIECTOR:**

SCREENPLAY: **EFFECTS:**

COSTUMES: **MUSIC:**

PRODUCTION DESIGN: **CINEMATOGRAPHY:**

Overall Rating ★ ★ ★ ★ ★   *Watch Again?* Y: / N:

Movie Review Log Book

TITLE:

GENRE: **YEAR:**

LENGTH: **DIRECTOR:**

DATE SEEN: **WHERE?**

COMPANY: **RATING (G, PG, G13, R):**

AWARDS:

ACTORS

....
....
....
....
....

MOVIE REVIEW (Storyline / Plot / Memorable Quotes)

....
....
....
....
....
....
....
....
....
....
....
....
....

RATINGS

CAST:	**DRIECTOR:**
SCREENPLAY:	**EFFECTS:**
COSTUMES:	**MUSIC:**
PRODUCTION DESIGN:	**CINEMATOGRAPHY:**

Overall Rating ★ ★ ★ ★ ★   *Watch Again?* **Y:** **/ N:**

Movie Review Log Book

TITLE:

GENRE: **YEAR:**

LENGTH: **DIRECTOR:**

DATE SEEN: **WHERE?**

COMPANY: **RATING (G, PG, G13, R):**

AWARDS:

ACTORS

....
....
....
....

MOVIE REVIEW (Storyline / Plot / Memorable Quotes)

....
....
....
....
....
....
....
....
....
....
....
....

RATINGS

CAST: **DRIECTOR:**

SCREENPLAY: **EFFECTS:**

COSTUMES: **MUSIC:**

PRODUCTION DESIGN: **CINEMATOGRAPHY:**

Overall Rating ★ ★ ★ ★ ★   *Watch Again?* Y: / N:

Movie Review Log Book

TITLE:

GENRE: **YEAR:**

LENGTH: **DIRECTOR:**

DATE SEEN: **WHERE?**

COMPANY: **RATING (G, PG, G13, R):**

AWARDS:

ACTORS

....
....
....
....
....

MOVIE REVIEW (Storyline / Plot / Memorable Quotes)

....
....
....
....
....
....
....
....
....
....
....
....
....
....

RATINGS

CAST: **DRIECTOR:**

SCREENPLAY: **EFFECTS:**

COSTUMES: **MUSIC:**

PRODUCTION DESIGN: **CINEMATOGRAPHY:**

Overall Rating ★ ★ ★ ★ ★   *Watch Again?* Y: / N:

Movie Review Log Book

TITLE:

GENRE: **YEAR:**

LENGTH: **DIRECTOR:**

DATE SEEN: **WHERE?**

COMPANY: **RATING (G, PG, G13, R):**

AWARDS:

ACTORS

....
....
....
....
....

MOVIE REVIEW (Storyline / Plot / Memorable Quotes)

....
....
....
....
....
....
....
....
....
....
....
....
....

RATINGS

CAST: **DRIECTOR:**

SCREENPLAY: **EFFECTS:**

COSTUMES: **MUSIC:**

PRODUCTION DESIGN: **CINEMATOGRAPHY:**

Overall Rating ★ ★ ★ ★ ★   *Watch Again?* **Y:**   **/ N:**

Movie Review Log Book

TITLE:

GENRE: **YEAR:**

LENGTH: **DIRECTOR:**

DATE SEEN: **WHERE?**

COMPANY: **RATING (G, PG, G13, R):**

AWARDS:

ACTORS

....
....
....
....
....

MOVIE REVIEW (Storyline / Plot / Memorable Quotes)

....
....
....
....
....
....
....
....
....
....
....
....

RATINGS

CAST: **DRIECTOR:**

SCREENPLAY: **EFFECTS:**

COSTUMES: **MUSIC:**

PRODUCTION DESIGN: **CINEMATOGRAPHY:**

Overall Rating ★ ★ ★ ★ ★   *Watch Again?* Y: / N:

Movie Review Log Book

TITLE:

GENRE: **YEAR:**

LENGTH: **DIRECTOR:**

DATE SEEN: **WHERE?**

COMPANY: **RATING (G, PG, G13, R):**

AWARDS:

ACTORS

....
....
....
....
....

MOVIE REVIEW (Storyline / Plot / Memorable Quotes)

....
....
....
....
....
....
....
....
....
....
....
....
....
....
....

RATINGS

CAST: **DRIECTOR:**

SCREENPLAY: **EFFECTS:**

COSTUMES: **MUSIC:**

PRODUCTION DESIGN: **CINEMATOGRAPHY:**

Overall Rating ★ ★ ★ ★ ★   *Watch Again?* Y: / N:

Movie Review Log Book

TITLE:

GENRE: **YEAR:**

LENGTH: **DIRECTOR:**

DATE SEEN: **WHERE?**

COMPANY: **RATING (G, PG, G13, R):**

AWARDS:

ACTORS
....
....
....
....
....

MOVIE REVIEW (Storyline / Plot / Memorable Quotes)
....
....
....
....
....
....
....
....
....
....
....
....
....

RATINGS

CAST: **DRIECTOR:**

SCREENPLAY: **EFFECTS:**

COSTUMES: **MUSIC:**

PRODUCTION DESIGN: **CINEMATOGRAPHY:**

Overall Rating ★ ★ ★ ★ ★ *Watch Again?* **Y:** **/ N:**

Movie Review Log Book

TITLE:

GENRE: **YEAR:**

LENGTH: **DIRECTOR:**

DATE SEEN: **WHERE?**

COMPANY: **RATING (G, PG, G13, R):**

AWARDS:

ACTORS

....
....
....
....
....

MOVIE REVIEW (Storyline / Plot / Memorable Quotes)

....
....
....
....
....
....
....
....
....
....
....
....
....
....

RATINGS

CAST: **DRIECTOR:**

SCREENPLAY: **EFFECTS:**

COSTUMES: **MUSIC:**

PRODUCTION DESIGN: **CINEMATOGRAPHY:**

Overall Rating ★ ★ ★ ★ ★   *Watch Again?* Y: / N:

Movie Review Log Book

TITLE:

GENRE: **YEAR:**

LENGTH: **DIRECTOR:**

DATE SEEN: **WHERE?**

COMPANY: **RATING (G, PG, G13, R):**

AWARDS:

ACTORS

....
....
....
....
....

MOVIE REVIEW (Storyline / Plot / Memorable Quotes)

....
....
....
....
....
....
....
....
....
....
....
....
....

RATINGS

CAST:	**DRIECTOR:**
SCREENPLAY:	**EFFECTS:**
COSTUMES:	**MUSIC:**
PRODUCTION DESIGN:	**CINEMATOGRAPHY:**

Overall Rating ★ ★ ★ ★ ★ *Watch Again?* Y: / N:

Movie Review Log Book

TITLE:

GENRE: **YEAR:**

LENGTH: **DIRECTOR:**

DATE SEEN: **WHERE?**

COMPANY: **RATING (G, PG, G13, R):**

AWARDS:

ACTORS

....
....
....
....
....

MOVIE REVIEW (Storyline / Plot / Memorable Quotes)

....
....
....
....
....
....
....
....
....
....
....
....
....
....

RATINGS

CAST: **DRIECTOR:**

SCREENPLAY: **EFFECTS:**

COSTUMES: **MUSIC:**

PRODUCTION DESIGN: **CINEMATOGRAPHY:**

Overall Rating ★ ★ ★ ★ ★   *Watch Again?* Y: / N:

Movie Review Log Book

TITLE:

GENRE: **YEAR:**

LENGTH: **DIRECTOR:**

DATE SEEN: **WHERE?**

COMPANY: **RATING (G, PG, G13, R):**

AWARDS:

ACTORS

....
....
....
....
....

MOVIE REVIEW (Storyline / Plot / Memorable Quotes)

....
....
....
....
....
....
....
....
....
....
....
....

RATINGS

CAST: **DRIECTOR:**

SCREENPLAY: **EFFECTS:**

COSTUMES: **MUSIC:**

PRODUCTION DESIGN: **CINEMATOGRAPHY:**

Overall Rating ★ ★ ★ ★ ★   *Watch Again?* **Y:** **/ N:**

Movie Review Log Book

TITLE:

GENRE: **YEAR:**

LENGTH: **DIRECTOR:**

DATE SEEN: **WHERE?**

COMPANY: **RATING (G, PG, G13, R):**

AWARDS:

ACTORS

....
....
....
....
....

MOVIE REVIEW (Storyline / Plot / Memorable Quotes)

....
....
....
....
....
....
....
....
....
....
....
....

RATINGS

CAST: **DRIECTOR:**

SCREENPLAY: **EFFECTS:**

COSTUMES: **MUSIC:**

PRODUCTION DESIGN: **CINEMATOGRAPHY:**

Overall Rating ★ ★ ★ ★ ★   **Watch Again?** Y: / N:

Movie Review Log Book

TITLE:

GENRE: **YEAR:**

LENGTH: **DIRECTOR:**

DATE SEEN: **WHERE?**

COMPANY: **RATING (G, PG, G13, R):**

AWARDS:

ACTORS

....
....
....
....
....

MOVIE REVIEW (Storyline / Plot / Memorable Quotes)

....
....
....
....
....
....
....
....
....
....
....
....
....

RATINGS

CAST: **DRIECTOR:**

SCREENPLAY: **EFFECTS:**

COSTUMES: **MUSIC:**

PRODUCTION DESIGN: **CINEMATOGRAPHY:**

Overall Rating ★ ★ ★ ★ ★   *Watch Again?* Y: / N:

Movie Review Log Book

TITLE:

GENRE: **YEAR:**

LENGTH: **DIRECTOR:**

DATE SEEN: **WHERE?**

COMPANY: **RATING (G, PG, G13, R):**

AWARDS:

ACTORS

....
....
....
....
....

MOVIE REVIEW (Storyline / Plot / Memorable Quotes)

....
....
....
....
....
....
....
....
....
....
....
....

RATINGS

CAST: **DRIECTOR:**

SCREENPLAY: **EFFECTS:**

COSTUMES: **MUSIC:**

PRODUCTION DESIGN: **CINEMATOGRAPHY:**

Overall Rating ★ ★ ★ ★ ★   *Watch Again?* **Y:** **/ N:**

Movie Review Log Book

TITLE:

GENRE: **YEAR:**

LENGTH: **DIRECTOR:**

DATE SEEN: **WHERE?**

COMPANY: **RATING (G, PG, G13, R):**

AWARDS:

ACTORS

....
....
....
....
....

MOVIE REVIEW (Storyline / Plot / Memorable Quotes)

....
....
....
....
....
....
....
....
....
....
....
....
....
....

RATINGS

CAST: **DRIECTOR:**

SCREENPLAY: **EFFECTS:**

COSTUMES: **MUSIC:**

PRODUCTION DESIGN: **CINEMATOGRAPHY:**

Overall Rating ★ ★ ★ ★ ★   *Watch Again?* **Y:** **/ N:**

Movie Review Log Book

TITLE:

GENRE: **YEAR:**

LENGTH: **DIRECTOR:**

DATE SEEN: **WHERE?**

COMPANY: **RATING (G, PG, G13, R):**

AWARDS:

ACTORS

....
....
....
....
....

MOVIE REVIEW (Storyline / Plot / Memorable Quotes)

....
....
....
....
....
....
....
....
....
....
....
....

RATINGS

CAST: **DRIECTOR:**

SCREENPLAY: **EFFECTS:**

COSTUMES: **MUSIC:**

PRODUCTION DESIGN: **CINEMATOGRAPHY:**

Overall Rating ★ ★ ★ ★ ★   *Watch Again?* **Y:** **/ N:**

Movie Review Log Book

TITLE:

GENRE: **YEAR:**

LENGTH: **DIRECTOR:**

DATE SEEN: **WHERE?**

COMPANY: **RATING (G, PG, G13, R):**

AWARDS:

ACTORS

MOVIE REVIEW (Storyline / Plot / Memorable Quotes)

RATINGS

CAST: **DRIECTOR:**

SCREENPLAY: **EFFECTS:**

COSTUMES: **MUSIC:**

PRODUCTION DESIGN: **CINEMATOGRAPHY:**

Overall Rating ★ ★ ★ ★ ★ Watch Again? Y: / N:

Movie Review Log Book

TITLE:
GENRE: **YEAR:**
LENGTH: **DIRECTOR:**
DATE SEEN: **WHERE?**
COMPANY: **RATING (G, PG, G13, R):**
AWARDS:

ACTORS

....
....
....
....

MOVIE REVIEW (Storyline / Plot / Memorable Quotes)

....
....
....
....
....
....
....
....
....
....
....

RATINGS

CAST:	**DRIECTOR:**
SCREENPLAY:	**EFFECTS:**
COSTUMES:	**MUSIC:**
PRODUCTION DESIGN:	**CINEMATOGRAPHY:**

Overall Rating ★ ★ ★ ★ ★   *Watch Again?* Y: / N:

Movie Review Log Book

TITLE:

GENRE: **YEAR:**

LENGTH: **DIRECTOR:**

DATE SEEN: **WHERE?**

COMPANY: **RATING (G, PG, G13, R):**

AWARDS:

ACTORS
....
....
....
....
....

MOVIE REVIEW (Storyline / Plot / Memorable Quotes)
....
....
....
....
....
....
....
....
....
....
....
....
....
....

RATINGS

CAST: **DRIECTOR:**

SCREENPLAY: **EFFECTS:**

COSTUMES: **MUSIC:**

PRODUCTION DESIGN: **CINEMATOGRAPHY:**

Overall Rating ★ ★ ★ ★ ★   *Watch Again?* Y: / N:

Movie Review Log Book

TITLE:

GENRE: **YEAR:**

LENGTH: **DIRECTOR:**

DATE SEEN: **WHERE?**

COMPANY: **RATING (G, PG, G13, R):**

AWARDS:

ACTORS

....
....
....
....

MOVIE REVIEW (Storyline / Plot / Memorable Quotes)

....
....
....
....
....
....
....
....
....
....
....

RATINGS

CAST: **DRIECTOR:**

SCREENPLAY: **EFFECTS:**

COSTUMES: **MUSIC:**

PRODUCTION DESIGN: **CINEMATOGRAPHY:**

Overall Rating ★ ★ ★ ★ ★   *Watch Again?* **Y: / N:**

Movie Review Log Book

TITLE:

GENRE: **YEAR:**

LENGTH: **DIRECTOR:**

DATE SEEN: **WHERE?**

COMPANY: **RATING (G, PG, G13, R):**

AWARDS:

ACTORS

....
....
....
....
....

MOVIE REVIEW (Storyline / Plot / Memorable Quotes)

....
....
....
....
....
....
....
....
....
....
....
....
....

RATINGS

CAST:	**DRIECTOR:**
SCREENPLAY:	**EFFECTS:**
COSTUMES:	**MUSIC:**
PRODUCTION DESIGN:	**CINEMATOGRAPHY:**

Overall Rating ★ ★ ★ ★ ★   *Watch Again?* **Y:** **/ N:**

Movie Review Log Book

TITLE:

GENRE: **YEAR:**

LENGTH: **DIRECTOR:**

DATE SEEN: **WHERE?**

COMPANY: **RATING (G, PG, G13, R):**

AWARDS:

ACTORS

MOVIE REVIEW (Storyline / Plot / Memorable Quotes)

RATINGS

CAST: **DRIECTOR:**

SCREENPLAY: **EFFECTS:**

COSTUMES: **MUSIC:**

PRODUCTION DESIGN: **CINEMATOGRAPHY:**

Overall Rating ★ ★ ★ ★ ★ *Watch Again?* Y: / N:

Movie Review Log Book

TITLE:

GENRE: **YEAR:**

LENGTH: **DIRECTOR:**

DATE SEEN: **WHERE?**

COMPANY: **RATING (G, PG, G13, R):**

AWARDS:

ACTORS

....
....
....
....
....

MOVIE REVIEW (Storyline / Plot / Memorable Quotes)

....
....
....
....
....
....
....
....
....
....
....
....

RATINGS

CAST: **DRIECTOR:**

SCREENPLAY: **EFFECTS:**

COSTUMES: **MUSIC:**

PRODUCTION DESIGN: **CINEMATOGRAPHY:**

Overall Rating ★ ★ ★ ★ ★ *Watch Again?* **Y:** **/ N:**

Movie Review Log Book

TITLE:

GENRE: **YEAR:**

LENGTH: **DIRECTOR:**

DATE SEEN: **WHERE?**

COMPANY: **RATING (G, PG, G13, R):**

AWARDS:

ACTORS

....
....
....
....
....

MOVIE REVIEW (Storyline / Plot / Memorable Quotes)

....
....
....
....
....
....
....
....
....
....
....
....
....

RATINGS

CAST: **DRIECTOR:**

SCREENPLAY: **EFFECTS:**

COSTUMES: **MUSIC:**

PRODUCTION DESIGN: **CINEMATOGRAPHY:**

Overall Rating ★ ★ ★ ★ ★   *Watch Again?* Y: / N:

Movie Review Log Book

TITLE:

GENRE: **YEAR:**

LENGTH: **DIRECTOR:**

DATE SEEN: **WHERE?**

COMPANY: **RATING (G, PG, G13, R):**

AWARDS:

ACTORS

....
....
....
....
....

MOVIE REVIEW (Storyline / Plot / Memorable Quotes)

....
....
....
....
....
....
....
....
....
....
....
....

RATINGS

CAST: **DRIECTOR:**

SCREENPLAY: **EFFECTS:**

COSTUMES: **MUSIC:**

PRODUCTION DESIGN: **CINEMATOGRAPHY:**

Overall Rating ★ ★ ★ ★ ★   *Watch Again?* **Y:** **/ N:**

Movie Review Log Book

TITLE:
GENRE: **YEAR:**
LENGTH: **DIRECTOR:**
DATE SEEN: **WHERE?**
COMPANY: **RATING (G, PG, G13, R):**
AWARDS:

ACTORS

....
....
....
....
....

MOVIE REVIEW (Storyline / Plot / Memorable Quotes)

....
....
....
....
....
....
....
....
....
....
....
....
....

RATINGS

CAST: **DRIECTOR:**
SCREENPLAY: **EFFECTS:**
COSTUMES: **MUSIC:**
PRODUCTION DESIGN: **CINEMATOGRAPHY:**

Overall Rating ★ ★ ★ ★ ★   *Watch Again?* **Y:** **/ N:**

Movie Review Log Book

TITLE:

GENRE: **YEAR:**

LENGTH: **DIRECTOR:**

DATE SEEN: **WHERE?**

COMPANY: **RATING (G, PG, G13, R):**

AWARDS:

ACTORS

....
....
....
....
....

MOVIE REVIEW (Storyline / Plot / Memorable Quotes)

....
....
....
....
....
....
....
....
....
....
....
....
....

RATINGS

CAST: **DRIECTOR:**

SCREENPLAY: **EFFECTS:**

COSTUMES: **MUSIC:**

PRODUCTION DESIGN: **CINEMATOGRAPHY:**

Overall Rating ★ ★ ★ ★ ★   *Watch Again?* **Y:** **/ N:**

Movie Review Log Book

TITLE:

GENRE: **YEAR:**

LENGTH: **DIRECTOR:**

DATE SEEN: **WHERE?**

COMPANY: **RATING (G, PG, G13, R):**

AWARDS:

ACTORS

....
....
....
....
....

MOVIE REVIEW (Storyline / Plot / Memorable Quotes)

....
....
....
....
....
....
....
....
....
....
....
....
....
....

RATINGS

CAST: **DRIECTOR:**

SCREENPLAY: **EFFECTS:**

COSTUMES: **MUSIC:**

PRODUCTION DESIGN: **CINEMATOGRAPHY:**

Overall Rating ★ ★ ★ ★ ★   *Watch Again?* **Y:**   **/ N:**

Movie Review Log Book

TITLE:

GENRE: **YEAR:**

LENGTH: **DIRECTOR:**

DATE SEEN: **WHERE?**

COMPANY: **RATING (G, PG, G13, R):**

AWARDS:

ACTORS

....
....
....
....
....

MOVIE REVIEW (Storyline / Plot / Memorable Quotes)

....
....
....
....
....
....
....
....
....
....
....
....

RATINGS

CAST: **DRIECTOR:**

SCREENPLAY: **EFFECTS:**

COSTUMES: **MUSIC:**

PRODUCTION DESIGN: **CINEMATOGRAPHY:**

Overall Rating ★ ★ ★ ★ ★ *Watch Again?* Y: / N:

Movie Review Log Book

TITLE:

GENRE: **YEAR:**

LENGTH: **DIRECTOR:**

DATE SEEN: **WHERE?**

COMPANY: **RATING (G, PG, G13, R):**

AWARDS:

ACTORS

....
....
....
....
....

MOVIE REVIEW (Storyline / Plot / Memorable Quotes)

....
....
....
....
....
....
....
....
....
....
....
....
....

RATINGS

CAST: **DRIECTOR:**

SCREENPLAY: **EFFECTS:**

COSTUMES: **MUSIC:**

PRODUCTION DESIGN: **CINEMATOGRAPHY:**

Overall Rating ★ ★ ★ ★ ★   *Watch Again?* Y: / N:

Movie Review Log Book

TITLE:

GENRE: **YEAR:**

LENGTH: **DIRECTOR:**

DATE SEEN: **WHERE?**

COMPANY: **RATING (G, PG, G13, R):**

AWARDS:

ACTORS

....
....
....
....
....

MOVIE REVIEW (Storyline / Plot / Memorable Quotes)

....
....
....
....
....
....
....
....
....
....
....
....

RATINGS

CAST: **DRIECTOR:**

SCREENPLAY: **EFFECTS:**

COSTUMES: **MUSIC:**

PRODUCTION DESIGN: **CINEMATOGRAPHY:**

Overall Rating ★ ★ ★ ★ ★   *Watch Again?* Y: / N:

Movie Review Log Book

TITLE:

GENRE: **YEAR:**

LENGTH: **DIRECTOR:**

DATE SEEN: **WHERE?**

COMPANY: **RATING (G, PG, G13, R):**

AWARDS:

ACTORS

....
....
....
....
....

MOVIE REVIEW (Storyline / Plot / Memorable Quotes)

....
....
....
....
....
....
....
....
....
....
....
....

RATINGS

CAST: **DRIECTOR:**

SCREENPLAY: **EFFECTS:**

COSTUMES: **MUSIC:**

PRODUCTION DESIGN: **CINEMATOGRAPHY:**

Overall Rating ★ ★ ★ ★ ★   *Watch Again?* Y: / N:

Movie Review Log Book

TITLE:

GENRE: **YEAR:**

LENGTH: **DIRECTOR:**

DATE SEEN: **WHERE?**

COMPANY: **RATING (G, PG, G13, R):**

AWARDS:

ACTORS

....
....
....
....
....

MOVIE REVIEW (Storyline / Plot / Memorable Quotes)

....
....
....
....
....
....
....
....
....
....
....
....
....
....

RATINGS

CAST: **DRIECTOR:**

SCREENPLAY: **EFFECTS:**

COSTUMES: **MUSIC:**

PRODUCTION DESIGN: **CINEMATOGRAPHY:**

Overall Rating ★ ★ ★ ★ ★   *Watch Again?* **Y:** **/ N:**

Movie Review Log Book

TITLE:

GENRE: **YEAR:**

LENGTH: **DIRECTOR:**

DATE SEEN: **WHERE?**

COMPANY: **RATING (G, PG, G13, R):**

AWARDS:

ACTORS

....
....
....
....
....

MOVIE REVIEW (Storyline / Plot / Memorable Quotes)

....
....
....
....
....
....
....
....
....
....
....
....
....
....

RATINGS

CAST: **DRIECTOR:**

SCREENPLAY: **EFFECTS:**

COSTUMES: **MUSIC:**

PRODUCTION DESIGN: **CINEMATOGRAPHY:**

Overall Rating ★ ★ ★ ★ ★ *Watch Again?* Y: / N:

Movie Review Log Book

TITLE:

GENRE: **YEAR:**

LENGTH: **DIRECTOR:**

DATE SEEN: **WHERE?**

COMPANY: **RATING (G, PG, G13, R):**

AWARDS:

ACTORS

....
....
....
....
....

MOVIE REVIEW (Storyline / Plot / Memorable Quotes)

....
....
....
....
....
....
....
....
....
....
....
....
....

RATINGS

CAST: **DRIECTOR:**

SCREENPLAY: **EFFECTS:**

COSTUMES: **MUSIC:**

PRODUCTION DESIGN: **CINEMATOGRAPHY:**

Overall Rating ★ ★ ★ ★ ★   *Watch Again?* **Y:** **/ N:**

Movie Review Log Book

TITLE:

GENRE: **YEAR:**

LENGTH: **DIRECTOR:**

DATE SEEN: **WHERE?**

COMPANY: **RATING (G, PG, G13, R):**

AWARDS:

ACTORS

....
....
....
....
....

MOVIE REVIEW (Storyline / Plot / Memorable Quotes)

....
....
....
....
....
....
....
....
....
....
....
....
....
....

RATINGS

CAST: **DRIECTOR:**

SCREENPLAY: **EFFECTS:**

COSTUMES: **MUSIC:**

PRODUCTION DESIGN: **CINEMATOGRAPHY:**

Overall Rating ★ ★ ★ ★ ★   *Watch Again?* **Y:**   **/ N:**

Movie Review Log Book

TITLE:

GENRE: **YEAR:**

LENGTH: **DIRECTOR:**

DATE SEEN: **WHERE?**

COMPANY: **RATING (G, PG, G13, R):**

AWARDS:

ACTORS

....
....
....
....
....

MOVIE REVIEW (Storyline / Plot / Memorable Quotes)

....
....
....
....
....
....
....
....
....
....
....
....

RATINGS

CAST: **DRIECTOR:**

SCREENPLAY: **EFFECTS:**

COSTUMES: **MUSIC:**

PRODUCTION DESIGN: **CINEMATOGRAPHY:**

Overall Rating ★ ★ ★ ★ ★ *Watch Again?* **Y:** **/ N:**

Movie Review Log Book

TITLE:

GENRE: **YEAR:**

LENGTH: **DIRECTOR:**

DATE SEEN: **WHERE?**

COMPANY: **RATING (G, PG, G13, R):**

AWARDS:

ACTORS

....
....
....
....
....

MOVIE REVIEW (Storyline / Plot / Memorable Quotes)

....
....
....
....
....
....
....
....
....
....
....
....
....

RATINGS

CAST: **DRIECTOR:**

SCREENPLAY: **EFFECTS:**

COSTUMES: **MUSIC:**

PRODUCTION DESIGN: **CINEMATOGRAPHY:**

Overall Rating ★ ★ ★ ★ ★   *Watch Again?* **Y:** **/ N:**

Movie Review Log Book

TITLE:

GENRE: **YEAR:**

LENGTH: **DIRECTOR:**

DATE SEEN: **WHERE?**

COMPANY: **RATING (G, PG, G13, R):**

AWARDS:

ACTORS

....
....
....
....
....

MOVIE REVIEW (Storyline / Plot / Memorable Quotes)

....
....
....
....
....
....
....
....
....
....
....
....

RATINGS

CAST: **DRIECTOR:**

SCREENPLAY: **EFFECTS:**

COSTUMES: **MUSIC:**

PRODUCTION DESIGN: **CINEMATOGRAPHY:**

Overall Rating ★ ★ ★ ★ ★   **Watch Again?** Y: / N:

Movie Review Log Book

TITLE:

GENRE: **YEAR:**

LENGTH: **DIRECTOR:**

DATE SEEN: **WHERE?**

COMPANY: **RATING (G, PG, G13, R):**

AWARDS:

ACTORS

....
....
....
....
....

MOVIE REVIEW (Storyline / Plot / Memorable Quotes)

....
....
....
....
....
....
....
....
....
....
....
....
....
....

RATINGS

CAST: **DRIECTOR:**

SCREENPLAY: **EFFECTS:**

COSTUMES: **MUSIC:**

PRODUCTION DESIGN: **CINEMATOGRAPHY:**

Overall Rating ★ ★ ★ ★ ★   *Watch Again?* **Y:** **/ N:**

Movie Review Log Book

TITLE:

GENRE: **YEAR:**

LENGTH: **DIRECTOR:**

DATE SEEN: **WHERE?**

COMPANY: **RATING (G, PG, G13, R):**

AWARDS:

ACTORS

....
....
....
....
....

MOVIE REVIEW (Storyline / Plot / Memorable Quotes)

....
....
....
....
....
....
....
....
....
....
....
....

RATINGS

CAST: **DRIECTOR:**

SCREENPLAY: **EFFECTS:**

COSTUMES: **MUSIC:**

PRODUCTION DESIGN: **CINEMATOGRAPHY:**

Overall Rating ★ ★ ★ ★ ★ *Watch Again?* **Y:** **/ N:**

Movie Review Log Book

TITLE:

GENRE: **YEAR:**

LENGTH: **DIRECTOR:**

DATE SEEN: **WHERE?**

COMPANY: **RATING (G, PG, G13, R):**

AWARDS:

ACTORS

....
....
....
....
....

MOVIE REVIEW (Storyline / Plot / Memorable Quotes)

....
....
....
....
....
....
....
....
....
....
....
....
....
....

RATINGS

CAST: **DRIECTOR:**

SCREENPLAY: **EFFECTS:**

COSTUMES: **MUSIC:**

PRODUCTION DESIGN: **CINEMATOGRAPHY:**

Overall Rating ★ ★ ★ ★ ★   *Watch Again?* **Y:** **/ N:**

Movie Review Log Book

TITLE:

GENRE: **YEAR:**

LENGTH: **DIRECTOR:**

DATE SEEN: **WHERE?**

COMPANY: **RATING (G, PG, G13, R):**

AWARDS:

ACTORS

....
....
....
....
....

MOVIE REVIEW (Storyline / Plot / Memorable Quotes)

....
....
....
....
....
....
....
....
....
....
....
....

RATINGS

CAST: **DRIECTOR:**

SCREENPLAY: **EFFECTS:**

COSTUMES: **MUSIC:**

PRODUCTION DESIGN: **CINEMATOGRAPHY:**

Overall Rating ★ ★ ★ ★ ★   *Watch Again?* Y: / N:

Movie Review Log Book

TITLE:

GENRE: **YEAR:**

LENGTH: **DIRECTOR:**

DATE SEEN: **WHERE?**

COMPANY: **RATING (G, PG, G13, R):**

AWARDS:

ACTORS

....
....
....
....
....

MOVIE REVIEW (Storyline / Plot / Memorable Quotes)

....
....
....
....
....
....
....
....
....
....
....
....
....
....

RATINGS

CAST: **DRIECTOR:**

SCREENPLAY: **EFFECTS:**

COSTUMES: **MUSIC:**

PRODUCTION DESIGN: **CINEMATOGRAPHY:**

Overall Rating ★ ★ ★ ★ ★   *Watch Again?* Y: / N:

Movie Review Log Book

TITLE:

GENRE: **YEAR:**

LENGTH: **DIRECTOR:**

DATE SEEN: **WHERE?**

COMPANY: **RATING (G, PG, G13, R):**

AWARDS:

ACTORS

....
....
....
....
....

MOVIE REVIEW (Storyline / Plot / Memorable Quotes)

....
....
....
....
....
....
....
....
....
....
....
....
....

RATINGS

CAST: **DRIECTOR:**

SCREENPLAY: **EFFECTS:**

COSTUMES: **MUSIC:**

PRODUCTION DESIGN: **CINEMATOGRAPHY:**

Overall Rating ★ ★ ★ ★ ★   *Watch Again?* Y: / N:

Movie Review Log Book

TITLE:

GENRE: **YEAR:**

LENGTH: **DIRECTOR:**

DATE SEEN: **WHERE?**

COMPANY: **RATING (G, PG, G13, R):**

AWARDS:

ACTORS

MOVIE REVIEW (Storyline / Plot / Memorable Quotes)

RATINGS

CAST: **DRIECTOR:**

SCREENPLAY: **EFFECTS:**

COSTUMES: **MUSIC:**

PRODUCTION DESIGN: **CINEMATOGRAPHY:**

Overall Rating ★ ★ ★ ★ ★   *Watch Again?* Y: / N:

Movie Review Log Book

TITLE:

GENRE: **YEAR:**

LENGTH: **DIRECTOR:**

DATE SEEN: **WHERE?**

COMPANY: **RATING (G, PG, G13, R):**

AWARDS:

ACTORS

....
....
....
....
....

MOVIE REVIEW (Storyline / Plot / Memorable Quotes)

....
....
....
....
....
....
....
....
....
....
....
....
....
....

RATINGS

CAST: **DRIECTOR:**

SCREENPLAY: **EFFECTS:**

COSTUMES: **MUSIC:**

PRODUCTION DESIGN: **CINEMATOGRAPHY:**

Overall Rating ★ ★ ★ ★ ★   *Watch Again?* Y: / N:

Movie Review Log Book

TITLE:

GENRE: **YEAR:**

LENGTH: **DIRECTOR:**

DATE SEEN: **WHERE?**

COMPANY: **RATING (G, PG, G13, R):**

AWARDS:

ACTORS

....
....
....
....
....

MOVIE REVIEW (Storyline / Plot / Memorable Quotes)

....
....
....
....
....
....
....
....
....
....
....
....
....

RATINGS

CAST: **DRIECTOR:**

SCREENPLAY: **EFFECTS:**

COSTUMES: **MUSIC:**

PRODUCTION DESIGN: **CINEMATOGRAPHY:**

Overall Rating ★ ★ ★ ★ ★   Watch Again? **Y:** / **N:**

Movie Review Log Book

TITLE:

GENRE: **YEAR:**

LENGTH: **DIRECTOR:**

DATE SEEN: **WHERE?**

COMPANY: **RATING (G, PG, G13, R):**

AWARDS:

ACTORS

....
....
....
....
....

MOVIE REVIEW (Storyline / Plot / Memorable Quotes)

....
....
....
....
....
....
....
....
....
....
....
....
....
....

RATINGS

CAST: **DRIECTOR:**

SCREENPLAY: **EFFECTS:**

COSTUMES: **MUSIC:**

PRODUCTION DESIGN: **CINEMATOGRAPHY:**

Overall Rating ★ ★ ★ ★ ★   *Watch Again?* **Y:** **/ N:**

Movie Review Log Book

TITLE:

GENRE: **YEAR:**

LENGTH: **DIRECTOR:**

DATE SEEN: **WHERE?**

COMPANY: **RATING (G, PG, G13, R):**

AWARDS:

ACTORS

....
....
....
....
....

MOVIE REVIEW (Storyline / Plot / Memorable Quotes)

....
....
....
....
....
....
....
....
....
....
....
....
....

RATINGS

CAST: **DRIECTOR:**

SCREENPLAY: **EFFECTS:**

COSTUMES: **MUSIC:**

PRODUCTION DESIGN: **CINEMATOGRAPHY:**

Overall Rating ★ ★ ★ ★ ★   *Watch Again?* Y: / N:

Movie Review Log Book

TITLE:

GENRE: **YEAR:**

LENGTH: **DIRECTOR:**

DATE SEEN: **WHERE?**

COMPANY: **RATING (G, PG, G13, R):**

AWARDS:

ACTORS

....
....
....
....
....

MOVIE REVIEW (Storyline / Plot / Memorable Quotes)

....
....
....
....
....
....
....
....
....
....
....
....

RATINGS

CAST: **DRIECTOR:**

SCREENPLAY: **EFFECTS:**

COSTUMES: **MUSIC:**

PRODUCTION DESIGN: **CINEMATOGRAPHY:**

Overall Rating ★ ★ ★ ★ ★   *Watch Again?* Y: / N:

Movie Review Log Book

TITLE:

GENRE: **YEAR:**

LENGTH: **DIRECTOR:**

DATE SEEN: **WHERE?**

COMPANY: **RATING (G, PG, G13, R):**

AWARDS:

ACTORS

....
....
....
....
....

MOVIE REVIEW (Storyline / Plot / Memorable Quotes)

....
....
....
....
....
....
....
....
....
....
....
....
....

RATINGS

CAST: **DRIECTOR:**

SCREENPLAY: **EFFECTS:**

COSTUMES: **MUSIC:**

PRODUCTION DESIGN: **CINEMATOGRAPHY:**

Overall Rating ★ ★ ★ ★ ★   *Watch Again?* **Y:** **/ N:**

Movie Review Log Book

TITLE:

GENRE: **YEAR:**

LENGTH: **DIRECTOR:**

DATE SEEN: **WHERE?**

COMPANY: **RATING (G, PG, G13, R):**

AWARDS:

ACTORS

....
....
....
....
....

MOVIE REVIEW (Storyline / Plot / Memorable Quotes)

....
....
....
....
....
....
....
....
....
....
....
....
....

RATINGS

CAST: **DRIECTOR:**

SCREENPLAY: **EFFECTS:**

COSTUMES: **MUSIC:**

PRODUCTION DESIGN: **CINEMATOGRAPHY:**

Overall Rating ★ ★ ★ ★ ★ Watch Again? **Y:** **/ N:**

Movie Review Log Book

TITLE:

GENRE: **YEAR:**

LENGTH: **DIRECTOR:**

DATE SEEN: **WHERE?**

COMPANY: **RATING (G, PG, G13, R):**

AWARDS:

ACTORS

....
....
....
....
....

MOVIE REVIEW (Storyline / Plot / Memorable Quotes)

....
....
....
....
....
....
....
....
....
....
....
....
....
....

RATINGS

CAST: **DRIECTOR:**

SCREENPLAY: **EFFECTS:**

COSTUMES: **MUSIC:**

PRODUCTION DESIGN: **CINEMATOGRAPHY:**

Overall Rating ★ ★ ★ ★ ★   *Watch Again?* **Y:** **/ N:**

Movie Review Log Book

TITLE:

GENRE: **YEAR:**

LENGTH: **DIRECTOR:**

DATE SEEN: **WHERE?**

COMPANY: **RATING (G, PG, G13, R):**

AWARDS:

ACTORS

....
....
....
....
....

MOVIE REVIEW (Storyline / Plot / Memorable Quotes)

....
....
....
....
....
....
....
....
....
....
....
....
....

RATINGS

CAST: **DRIECTOR:**

SCREENPLAY: **EFFECTS:**

COSTUMES: **MUSIC:**

PRODUCTION DESIGN: **CINEMATOGRAPHY:**

Overall Rating ★ ★ ★ ★ ★   *Watch Again?* **Y:** **/ N:**

Movie Review Log Book

TITLE:

GENRE: **YEAR:**

LENGTH: **DIRECTOR:**

DATE SEEN: **WHERE?**

COMPANY: **RATING (G, PG, G13, R):**

AWARDS:

ACTORS

....
....
....
....
....

MOVIE REVIEW (Storyline / Plot / Memorable Quotes)

....
....
....
....
....
....
....
....
....
....
....
....
....
....

RATINGS

CAST: **DRIECTOR:**

SCREENPLAY: **EFFECTS:**

COSTUMES: **MUSIC:**

PRODUCTION DESIGN: **CINEMATOGRAPHY:**

Overall Rating ★ ★ ★ ★ ★   *Watch Again?* Y: / N:

Movie Review Log Book

TITLE:

GENRE: **YEAR:**

LENGTH: **DIRECTOR:**

DATE SEEN: **WHERE?**

COMPANY: **RATING (G, PG, G13, R):**

AWARDS:

ACTORS

....
....
....
....
....

MOVIE REVIEW (Storyline / Plot / Memorable Quotes)

....
....
....
....
....
....
....
....
....
....
....
....
....

RATINGS

CAST: **DRIECTOR:**

SCREENPLAY: **EFFECTS:**

COSTUMES: **MUSIC:**

PRODUCTION DESIGN: **CINEMATOGRAPHY:**

Overall Rating ★ ★ ★ ★ ★   *Watch Again?* **Y:**   / **N:**

Movie Review Log Book

TITLE:

GENRE: **YEAR:**

LENGTH: **DIRECTOR:**

DATE SEEN: **WHERE?**

COMPANY: **RATING (G, PG, G13, R):**

AWARDS:

ACTORS

....
....
....
....
....

MOVIE REVIEW (Storyline / Plot / Memorable Quotes)

....
....
....
....
....
....
....
....
....
....
....
....
....
....
....

RATINGS

CAST:	**DRIECTOR:**
SCREENPLAY:	**EFFECTS:**
COSTUMES:	**MUSIC:**
PRODUCTION DESIGN:	**CINEMATOGRAPHY:**

Overall Rating ★ ★ ★ ★ ★   *Watch Again?* Y: / N:

Movie Review Log Book

TITLE:

GENRE: **YEAR:**

LENGTH: **DIRECTOR:**

DATE SEEN: **WHERE?**

COMPANY: **RATING (G, PG, G13, R):**

AWARDS:

ACTORS

....
....
....
....
....

MOVIE REVIEW (Storyline / Plot / Memorable Quotes)

....
....
....
....
....
....
....
....
....
....
....
....

RATINGS

CAST: **DRIECTOR:**

SCREENPLAY: **EFFECTS:**

COSTUMES: **MUSIC:**

PRODUCTION DESIGN: **CINEMATOGRAPHY:**

Overall Rating ★ ★ ★ ★ ★ *Watch Again?* Y: / N:

Movie Review Log Book

TITLE:

GENRE: **YEAR:**

LENGTH: **DIRECTOR:**

DATE SEEN: **WHERE?**

COMPANY: **RATING (G, PG, G13, R):**

AWARDS:

ACTORS

....
....
....
....
....

MOVIE REVIEW (Storyline / Plot / Memorable Quotes)

....
....
....
....
....
....
....
....
....
....
....
....
....
....

RATINGS

CAST: **DRIECTOR:**

SCREENPLAY: **EFFECTS:**

COSTUMES: **MUSIC:**

PRODUCTION DESIGN: **CINEMATOGRAPHY:**

Overall Rating ★ ★ ★ ★ ★   **Watch Again?** Y: / N:

Movie Review Log Book

TITLE:

GENRE: **YEAR:**

LENGTH: **DIRECTOR:**

DATE SEEN: **WHERE?**

COMPANY: **RATING (G, PG, G13, R):**

AWARDS:

ACTORS

....
....
....
....
....

MOVIE REVIEW (Storyline / Plot / Memorable Quotes)

....
....
....
....
....
....
....
....
....
....
....
....

RATINGS

CAST: **DRIECTOR:**

SCREENPLAY: **EFFECTS:**

COSTUMES: **MUSIC:**

PRODUCTION DESIGN: **CINEMATOGRAPHY:**

Overall Rating ★ ★ ★ ★ ★ *Watch Again?* **Y:** **/ N:**

Movie Review Log Book

TITLE:

GENRE: **YEAR:**

LENGTH: **DIRECTOR:**

DATE SEEN: **WHERE?**

COMPANY: **RATING (G, PG, G13, R):**

AWARDS:

ACTORS

....
....
....
....
....

MOVIE REVIEW (Storyline / Plot / Memorable Quotes)

....
....
....
....
....
....
....
....
....
....
....
....
....
....
....

RATINGS

CAST: **DRIECTOR:**

SCREENPLAY: **EFFECTS:**

COSTUMES: **MUSIC:**

PRODUCTION DESIGN: **CINEMATOGRAPHY:**

Overall Rating ★ ★ ★ ★ ★ *Watch Again?* **Y:** **/ N:**

Movie Review Log Book

TITLE:

GENRE: **YEAR:**

LENGTH: **DIRECTOR:**

DATE SEEN: **WHERE?**

COMPANY: **RATING (G, PG, G13, R):**

AWARDS:

ACTORS

MOVIE REVIEW (Storyline / Plot / Memorable Quotes)

RATINGS

CAST: **DRIECTOR:**

SCREENPLAY: **EFFECTS:**

COSTUMES: **MUSIC:**

PRODUCTION DESIGN: **CINEMATOGRAPHY:**

Overall Rating ★ ★ ★ ★ *Watch Again?* Y: / N:

Movie Review Log Book

TITLE:

GENRE: **YEAR:**

LENGTH: **DIRECTOR:**

DATE SEEN: **WHERE?**

COMPANY: **RATING (G, PG, G13, R):**

AWARDS:

ACTORS

....
....
....
....
....

MOVIE REVIEW (Storyline / Plot / Memorable Quotes)

....
....
....
....
....
....
....
....
....
....
....
....
....
....

RATINGS

CAST: **DRIECTOR:**

SCREENPLAY: **EFFECTS:**

COSTUMES: **MUSIC:**

PRODUCTION DESIGN: **CINEMATOGRAPHY:**

Overall Rating ★ ★ ★ ★ ★   *Watch Again?* **Y:** **/ N:**

Movie Review Log Book

TITLE:

GENRE: **YEAR:**

LENGTH: **DIRECTOR:**

DATE SEEN: **WHERE?**

COMPANY: **RATING (G, PG, G13, R):**

AWARDS:

ACTORS

....
....
....
....
....

MOVIE REVIEW (Storyline / Plot / Memorable Quotes)

....
....
....
....
....
....
....
....
....
....
....
....

RATINGS

CAST: **DRIECTOR:**

SCREENPLAY: **EFFECTS:**

COSTUMES: **MUSIC:**

PRODUCTION DESIGN: **CINEMATOGRAPHY:**

Overall Rating ★ ★ ★ ★ ★   *Watch Again?* **Y:** **/ N:**

Movie Review Log Book

TITLE:

GENRE: **YEAR:**

LENGTH: **DIRECTOR:**

DATE SEEN: **WHERE?**

COMPANY: **RATING (G, PG, G13, R):**

AWARDS:

ACTORS

MOVIE REVIEW (Storyline / Plot / Memorable Quotes)

RATINGS

CAST: **DRIECTOR:**

SCREENPLAY: **EFFECTS:**

COSTUMES: **MUSIC:**

PRODUCTION DESIGN: **CINEMATOGRAPHY:**

Overall Rating ★ ★ ★ ★ ★   *Watch Again?* Y: / N:

Movie Review Log Book

TITLE:

GENRE: **YEAR:**

LENGTH: **DIRECTOR:**

DATE SEEN: **WHERE?**

COMPANY: **RATING (G, PG, G13, R):**

AWARDS:

ACTORS

....
....
....
....
....

MOVIE REVIEW (Storyline / Plot / Memorable Quotes)

....
....
....
....
....
....
....
....
....
....
....
....
....
....

RATINGS

CAST: **DRIECTOR:**

SCREENPLAY: **EFFECTS:**

COSTUMES: **MUSIC:**

PRODUCTION DESIGN: **CINEMATOGRAPHY:**

Overall Rating ★ ★ ★ ★ ★   *Watch Again?* Y: / N:

Movie Review Log Book

TITLE:

GENRE: **YEAR:**

LENGTH: **DIRECTOR:**

DATE SEEN: **WHERE?**

COMPANY: **RATING (G, PG, G13, R):**

AWARDS:

ACTORS

....
....
....
....
....

MOVIE REVIEW (Storyline / Plot / Memorable Quotes)

....
....
....
....
....
....
....
....
....
....
....
....
....
....

RATINGS

CAST: **DRIECTOR:**

SCREENPLAY: **EFFECTS:**

COSTUMES: **MUSIC:**

PRODUCTION DESIGN: **CINEMATOGRAPHY:**

Overall Rating ★ ★ ★ ★ ★   *Watch Again?* Y: / N:

Movie Review Log Book

TITLE:

GENRE: **YEAR:**

LENGTH: **DIRECTOR:**

DATE SEEN: **WHERE?**

COMPANY: **RATING (G, PG, G13, R):**

AWARDS:

ACTORS

....
....
....
....
....

MOVIE REVIEW (Storyline / Plot / Memorable Quotes)

....
....
....
....
....
....
....
....
....
....
....
....

RATINGS

CAST: **DRIECTOR:**

SCREENPLAY: **EFFECTS:**

COSTUMES: **MUSIC:**

PRODUCTION DESIGN: **CINEMATOGRAPHY:**

Overall Rating ★ ★ ★ ★ ★   *Watch Again?* **Y:** **/ N:**

Movie Review Log Book

TITLE:

GENRE: **YEAR:**

LENGTH: **DIRECTOR:**

DATE SEEN: **WHERE?**

COMPANY: **RATING (G, PG, G13, R):**

AWARDS:

ACTORS

....
....
....
....
....

MOVIE REVIEW (Storyline / Plot / Memorable Quotes)

....
....
....
....
....
....
....
....
....
....
....
....
....

RATINGS

CAST: **DRIECTOR:**

SCREENPLAY: **EFFECTS:**

COSTUMES: **MUSIC:**

PRODUCTION DESIGN: **CINEMATOGRAPHY:**

Overall Rating ★ ★ ★ ★ ★ *Watch Again?* Y: / N:

Movie Review Log Book

TITLE:

GENRE: **YEAR:**

LENGTH: **DIRECTOR:**

DATE SEEN: **WHERE?**

COMPANY: **RATING (G, PG, G13, R):**

AWARDS:

ACTORS

MOVIE REVIEW (Storyline / Plot / Memorable Quotes)

RATINGS

CAST: **DRIECTOR:**

SCREENPLAY: **EFFECTS:**

COSTUMES: **MUSIC:**

PRODUCTION DESIGN: **CINEMATOGRAPHY:**

Overall Rating ★ ★ ★ ★ ★   *Watch Again?* **Y:**   **/ N:**

Movie Review Log Book

TITLE:

GENRE: **YEAR:**

LENGTH: **DIRECTOR:**

DATE SEEN: **WHERE?**

COMPANY: **RATING (G, PG, G13, R):**

AWARDS:

ACTORS

....
....
....
....
....

MOVIE REVIEW (Storyline / Plot / Memorable Quotes)

....
....
....
....
....
....
....
....
....
....
....
....
....
....

RATINGS

CAST: **DRIECTOR:**

SCREENPLAY: **EFFECTS:**

COSTUMES: **MUSIC:**

PRODUCTION DESIGN: **CINEMATOGRAPHY:**

Overall Rating ★ ★ ★ ★ ★   *Watch Again?* **Y:** **/ N:**

Movie Review Log Book

TITLE:

GENRE: **YEAR:**

LENGTH: **DIRECTOR:**

DATE SEEN: **WHERE?**

COMPANY: **RATING (G, PG, G13, R):**

AWARDS:

ACTORS

MOVIE REVIEW (Storyline / Plot / Memorable Quotes)

RATINGS

CAST: **DRIECTOR:**

SCREENPLAY: **EFFECTS:**

COSTUMES: **MUSIC:**

PRODUCTION DESIGN: **CINEMATOGRAPHY:**

Overall Rating ★ ★ ★ ★ ★ *Watch Again?* Y: / N:

Movie Review Log Book

TITLE:

GENRE: **YEAR:**

LENGTH: **DIRECTOR:**

DATE SEEN: **WHERE?**

COMPANY: **RATING (G, PG, G13, R):**

AWARDS:

ACTORS

....
....
....
....
....

MOVIE REVIEW (Storyline / Plot / Memorable Quotes)

....
....
....
....
....
....
....
....
....
....
....
....
....

RATINGS

CAST: **DRIECTOR:**

SCREENPLAY: **EFFECTS:**

COSTUMES: **MUSIC:**

PRODUCTION DESIGN: **CINEMATOGRAPHY:**

Overall Rating ★ ★ ★ ★ ★   *Watch Again?* Y: / N:

Movie Review Log Book

TITLE:

GENRE: **YEAR:**

LENGTH: **DIRECTOR:**

DATE SEEN: **WHERE?**

COMPANY: **RATING (G, PG, G13, R):**

AWARDS:

ACTORS

....
....
....
....
....

MOVIE REVIEW (Storyline / Plot / Memorable Quotes)

....
....
....
....
....
....
....
....
....
....
....
....
....
....

RATINGS

CAST: **DRIECTOR:**

SCREENPLAY: **EFFECTS:**

COSTUMES: **MUSIC:**

PRODUCTION DESIGN: **CINEMATOGRAPHY:**

Overall Rating ★ ★ ★ ★ ★   *Watch Again?* Y: / N:

Movie Review Log Book

TITLE:

GENRE: **YEAR:**

LENGTH: **DIRECTOR:**

DATE SEEN: **WHERE?**

COMPANY: **RATING (G, PG, G13, R):**

AWARDS:

ACTORS

....
....
....
....
....

MOVIE REVIEW (Storyline / Plot / Memorable Quotes)

....
....
....
....
....
....
....
....
....
....
....
....

RATINGS

CAST: **DRIECTOR:**

SCREENPLAY: **EFFECTS:**

COSTUMES: **MUSIC:**

PRODUCTION DESIGN: **CINEMATOGRAPHY:**

Overall Rating ★ ★ ★ ★ ★ *Watch Again?* Y: / N:

Movie Review Log Book

TITLE:

GENRE: **YEAR:**

LENGTH: **DIRECTOR:**

DATE SEEN: **WHERE?**

COMPANY: **RATING (G, PG, G13, R):**

AWARDS:

ACTORS

....
....
....
....
....

MOVIE REVIEW (Storyline / Plot / Memorable Quotes)

....
....
....
....
....
....
....
....
....
....
....
....
....
....

RATINGS

CAST: **DRIECTOR:**

SCREENPLAY: **EFFECTS:**

COSTUMES: **MUSIC:**

PRODUCTION DESIGN: **CINEMATOGRAPHY:**

Overall Rating ★ ★ ★ ★ ★   *Watch Again?* Y: / N:

Movie Review Log Book

TITLE:

GENRE: **YEAR:**

LENGTH: **DIRECTOR:**

DATE SEEN: **WHERE?**

COMPANY: **RATING (G, PG, G13, R):**

AWARDS:

ACTORS

MOVIE REVIEW (Storyline / Plot / Memorable Quotes)

RATINGS

CAST: **DRIECTOR:**

SCREENPLAY: **EFFECTS:**

COSTUMES: **MUSIC:**

PRODUCTION DESIGN: **CINEMATOGRAPHY:**

Overall Rating ★ ★ ★ ★ ★ *Watch Again?* Y: / N:

Movie Review Log Book

TITLE:

GENRE: **YEAR:**

LENGTH: **DIRECTOR:**

DATE SEEN: **WHERE?**

COMPANY: **RATING (G, PG, G13, R):**

AWARDS:

ACTORS

....
....
....
....
....

MOVIE REVIEW (Storyline / Plot / Memorable Quotes)

....
....
....
....
....
....
....
....
....
....
....
....

RATINGS

CAST: **DRIECTOR:**

SCREENPLAY: **EFFECTS:**

COSTUMES: **MUSIC:**

PRODUCTION DESIGN: **CINEMATOGRAPHY:**

Overall Rating ★ ★ ★ ★ ★   *Watch Again?* Y: / N:

Movie Review Log Book

TITLE:

GENRE: **YEAR:**

LENGTH: **DIRECTOR:**

DATE SEEN: **WHERE?**

COMPANY: **RATING (G, PG, G13, R):**

AWARDS:

ACTORS

....
....
....
....
....

MOVIE REVIEW (Storyline / Plot / Memorable Quotes)

....
....
....
....
....
....
....
....
....
....
....
....
....

RATINGS

CAST: **DRIECTOR:**

SCREENPLAY: **EFFECTS:**

COSTUMES: **MUSIC:**

PRODUCTION DESIGN: **CINEMATOGRAPHY:**

Overall Rating ★ ★ ★ ★ ★ *Watch Again?* **Y:** **/ N:**

Movie Review Log Book

TITLE:

GENRE: **YEAR:**

LENGTH: **DIRECTOR:**

DATE SEEN: **WHERE?**

COMPANY: **RATING (G, PG, G13, R):**

AWARDS:

ACTORS

....
....
....
....
....

MOVIE REVIEW (Storyline / Plot / Memorable Quotes)

....
....
....
....
....
....
....
....
....
....
....
....

RATINGS

CAST: **DRIECTOR:**

SCREENPLAY: **EFFECTS:**

COSTUMES: **MUSIC:**

PRODUCTION DESIGN: **CINEMATOGRAPHY:**

Overall Rating ★ ★ ★ ★ ★   *Watch Again?* **Y:** / **N:**

Movie Review Log Book

TITLE:

GENRE: **YEAR:**

LENGTH: **DIRECTOR:**

DATE SEEN: **WHERE?**

COMPANY: **RATING (G, PG, G13, R):**

AWARDS:

ACTORS

....
....
....
....
....

MOVIE REVIEW (Storyline / Plot / Memorable Quotes)

....
....
....
....
....
....
....
....
....
....
....
....
....
....

RATINGS

CAST: **DRIECTOR:**

SCREENPLAY: **EFFECTS:**

COSTUMES: **MUSIC:**

PRODUCTION DESIGN: **CINEMATOGRAPHY:**

Overall Rating ★ ★ ★ ★ ★   *Watch Again?* Y: / N:

MOVIE REVIEWS
─── LOG BOOK ───

Are you enjoying this awesome Log Book?

If so, please leave us a review. We are very interested in your feedback to create even better products for you to enjoy shortly.

Shopping for Log Books can be fun.
Visit our website at amazing-notebooks.com or scan the QR code below to see all of our awesome and creative products!

Thank you very much!

Amazing Notebooks
www.amazing-notebooks.com
Copyright © 2022. All rights reserved.

No part of this book or this book as a whole may be used, reproduced, or transmitted in any form or means without written permission from the publisher

Printed in Poland
by Amazon Fulfillment
Poland Sp. z o.o., Wrocław
23 January 2024

8035ee51-b52b-4f60-bb26-38d0508da0c7R01